SEÑALES PARA FUTUROS
ARQUEÓLOGOS

Un jurado compuesto por

Marcos Díez, Marcela Duque,
Aurora Luque, Carmelo Guillén Acosta
y *Regino Mateo*

concedió a este libro
el PREMIO ALEGRÍA 2025
del Ayuntamiento de Santander

JULIO RODRÍGUEZ

SEÑALES
PARA FUTUROS
ARQUEÓLOGOS

ADONÁIS

699
EDICIONES RIALP
Madrid

Anzos, S. L. - Fuenlabrada (Madrid)

*Dirán entonces: aquí estuvo
la sala, y más allá,
donde encontramos los fragmentos
de levísimo barro, el sitio
del calor y la dicha.*

ELISEO DIEGO

L@S ARQUEÓLOG@S

DIRÁN entonces: aquí estuvo
la sala y, más allá,
donde encontramos los fragmentos
de los circuitos de silicio, el sitio
del frío y la desdicha.
Tenemos algún resto,
pocas piezas,
con que reconstruir
el escenario, pero
todo apunta a que hasta la carne
se acabó endureciendo,
sumisa, en las pantallas.
Luego
vendrá una pausa, mientras
el viento dispersa
una nube de arena inconsolable.
No acertarán a comprender
cómo pudimos
hacer de aquel edén este desierto.

#404

*Y otro ángel salió de Silicon Valley,
clamando a voz en grito al que
estaba sentado sobre la nube:
«Mete tu hoz y siega, porque ha llegado
la hora de segar, pues la mies de la tierra
está madura».
Y el que estaba sentado sobre la nube
pasó su hoz sobre la tierra,
y la tierra fue segada.*

APOCALIPSIS 14:15

HUMANIDAD Vol. XXI

CONÉCTATE, no pienses, sigue en línea
y déjate guiar por mi algoritmo.
No sigas los latidos de tu pecho:
estás a solo un *clic* del paraíso.
Medícate, consume, no te muevas
ni trates de escapar lejos del ruido.
Demuéstrame que crees en el sistema
y haré de ti un esclavo agradecido.

BATERÍA

AHORA debes saber, querido Litio,
que tantas alegrías me has brindado,
que la cosa se está poniendo fea:
la sombra de Silicio es alargada.
No lo tomes a mal, es simplemente
una banal cuestión de autonomía,
que ni siquiera es mía, como sabes
—nada es del todo nuestro en esta época—.
Mas debes entenderlo: qué sería
de mi vida si el iPhone se me apaga.

SPAM

NO seas cascarrabias, pues podría
haber sido peor, a buena parte.
Piensa que, por lo menos,
hay alguien que se acuerda
de ti todos los días.

WIFI BLUES STORY

HACE tiempo que ya nada es lo mismo.
Por mucho que me mueva por la casa
no llega la señal de tus abrazos.
Te busco, no te encuentro, enciendo, apago
mi corazón. Reinicio. Pero nada.
La noche, que bien sabe del amargo
sabor de no encontrar lo que se busca,
me pilla con las manos en el móvil
mandándote un WhatsApp con una hermosa
declaración de amor que, en otra época,
no podrías haber dejado en visto.
Me falta todo el tiempo tu contacto;
me sobran los reproches de la wifi.
Si tú no estás, o yo no estoy contigo,
me siento en modo avión, sin cobertura,
o incluso como un móvil apagado.
Y añoro aquellos tiempos, ya lejanos,
cuando sólo eras tú quien me decía:
Pues parece que estás desconectado.

BIG RIP

EL tiempo puede hacerse insoportable
incluso para un dios omnipotente
acostumbrado a estar en todas partes
(poco importa no haber pegado golpe
desde el séptimo día: todo cansa).
Así que, a nuestro dios, tan entusiasta
al principio con toda esta patraña,
la falta de interés le fue ganando
y nos dejó de lado para siempre.
Pero resulta que, en la eternidad,
eso de «para siempre» es una vaina
y, viéndose tan aburrido y triste,
hoy pretende volver —pobre diablo—
a ser aquel que fue y ya no existe.

LA ÚLTIMA RESEÑA

NOS la han pintado oscura,
desgarbada, esquelética,
con la guadaña al hombro
(como si en Amazon no hubiera
segadoras eléctricas de saldo).
Nos la han pintado grave, matemática:
una gris funcionaria, una tecnócrata
vestida de batalla o de almirante,
o de escoba lamiendo
el suelo en busca de cadáveres
(si hasta Szymborska dijo de ella
que no sabe ni encajar una broma).
¿Pero y si sólo fuera una estudiante
con un contrato en prácticas o una
de esas falsas autónomas que a duras
penas puede llegar a fin de mes?
Poneos en su lugar, pensadlo bien
antes de decidiros a escribir
una mala reseña en su perfil.
Y no os importe ser benevolentes
por una sola vez. Al fin y al cabo,

os guste más o menos se ha esmerado
en su último trabajo. ¿O es que no veis
el tiempo que lleváis estando muertos?

EXTINCIÓN

HAY quien lo vocifera en un grafiti
o lo rapea al viento con descaro;
también hay quien se pone
trascendental o místico,
quien maldice o blasfema, quien eleva
su cólera a la enésima poesía.
Hay quien lo cuenta en un sesudo ensayo
y hay quien no necesita más que un haiku
(*Este camino*
ya nadie lo recorre,
salvo el crepúsculo).
Poco importa la forma en que se diga:
la suerte, por desgracia, ya está echada.

APOCALIPSIS XXI

Y he aquí que hubo un gran colapso,
y el sol se puso negro como el silicio,
y la luna lloró chorros de sangre,
y las luces rojas de los routers
se encendieron intermitentemente,
como tocadas por un incendio,
y sobre las cabezas de los hombres
cayeron, como la hoja de la parra,
los drones, las estrellas, los satélites,
y el cielo, en un scroll irreprochable,
se llevó por delante islas y montes,
y nadie quedó en pie sobre la tierra,
y todo se volvió ceniza y nada.

APOCALIPSIS XXI: FINAL ALTERNATIVO

y los sociólogos estaban pasmados
y los hombres que no formaron parte
de esta especie quedaron hechos fósiles

ERNESTO CARDENAL

DESPUÉS de todo esto, vi a los cuatro ángeles
(llamarles por su nombre sería demasiado)
custodiando las redes del sistema,
en pie sobre los cuatro ángulos de la tierra,
avivando los vientos de la tierra
para que no quedase rastro alguno
de vida en la tierra, ni en el mar, ni en los árboles.
Yo nunca había alzado la voz contra los ángeles.
Pero algo había cambiado, así que uní mi grito
al grito indestructible de los viejos poetas:
«No hagáis daño a la tierra, ni al mar, ni a los árboles».
Los ángeles volvieron la mirada, se pusieron furiosos.
Mi corazón —cobarde y ya cansado—
nunca había supuesto una amenaza,

pero miraron a un lado, y vieron a Marina,
y miraron al otro, y vieron a Miguel.
Entonces, preocupados, preguntaron: «Y estos dos,
que tienen el corazón fresco como una manzana,
¿quiénes son?, ¿qué pretenden?». «Son mis hijos»,
contesté sonriendo. «Y han venido a salvarnos».

TAMBIÉN EN EL AMOR
HUBO SEÑALES

porque la carne porque la tinta porque la piel

ÓSCAR HAHN

ESTE ÁRBOL

SI acaso te preguntas
qué queda de aquel árbol
que un día hace ya tiempo te dio sombra,
te daré la respuesta: estas poquitas
hojas (de calendario) que, a su antojo,
el viento mueve, esparce y desordena
y estos dos nombres propios
grabados para siempre en su corteza.

PENSIÓN ARGENTINA

Y mientras el otoño se acercaba
con esa imprecisión que trae consigo
empezar cualquier cosa,
el amor, complacido,
se frotaba las manos:
dos cuerpos frente a frente
—raíces, piedras, astros,
puestos en pie de guerra—
batían sus navajas
apenas estrenadas
sobre las sucias sábanas
de aquel hostal barato.
No fuimos los primeros ni los últimos
en dejarse la piel en aquel cuarto,
pero, seguramente, no hubo tantos
que también se dejaran allí el alma.

GALÁCTICA

LA luna, indiferente, saca pecho
por fin entre las nubes esta noche.
Pienso en los casi 400.000
kilómetros que nos separan de ella,
en la materia oscura, en esta fría
inmensidad del cosmos.
Después miro tus ojos
(acaso más distantes todavía)
y pienso en la materia clara
de tu piel, en la eufórica
gravedad de tu boca,
en la fuerza oscilante de tu ombligo.
Y agradezco al azar porque teniendo
tanto espacio —pongamos
unos 100.000 millones de años luz—
haya puesto tu cuerpo
a tan pocos centímetros del mío.

FANDOM BLUES

DE todos mis defectos (y aquí hablamos
de una lista más larga que un poema
de Walt Whitman) me quedo con la absurda
propensión a quererte, aunque no sepas
ni siquiera quién soy. Con mis virtudes
apenas hago un haiku: *Estupefacto,*
contemplo tu belleza, y no me canso.

KTEMA

TODO lo que me niegas
me es, por descontado, irrelevante.
Me importa únicamente
aquello que me das
aun sin saberlo:
por poco que pudiera parecerte
no deja de ser todo lo que tengo.

SIN PAPELES

MI única frontera son tus ojos,
que también se cierran.

PREVISIÓN DEL TIEMPO

ES nuestro amor un puerto de montaña
tomado por la nieve, que no deja
apenas entrever la carretera.
Y eso explica esta calma y este frío.
Y puede que también estas cadenas.

LA PARADOJA

POR entonces la vida era correr.
Corríamos los dos a todas horas
esperando llegar antes que nadie
a cualquier sitio (o sea, a ningún lado).
Corríamos los dos, imaginando
que se puede vivir sólo del aire
que empuja a quienes corren al abismo.
Por entonces la vida era correr.
Corríamos los dos, creyendo huir,
en aquella carrera atolondrada,
del vértigo voraz de los espejos.
Desconocíamos, aún, la misteriosa
paradoja del paso de los días:
Quien más despacio va, llega más lejos.

PLATÓNICA

NO es amor, no exactamente.
O sí lo es, qué importa.
Es llevar este cántaro a tu fuente
sin importar que un día rompa,
pues, cada vez que va, vuelve vacío.
Es sentir el rumor del agua fresca
corriendo inaccesible por tu río.
No es amor, no exactamente.
O sí lo es, qué importa.
Es esta boca seca que no puede
apenas respirar y, aunque se muere
de ganas de beber, grita entusiasta:
No necesito más: la sed me basta.

ARENA & ALQUITRÁN

SIN embargo, existimos,
vemos, estamos, somos
manos, piernas, pezones,
ojos abiertos o cerrados,
pasos, pisadas, huellas
sobre la arena húmeda
del tiempo, suave-
mente ponemos
un pie en el alquitrán,
después el otro, andamos
y andamos, nos dejamos
llevar —también la piel—,
venimos, vamos
con sólo una intención:
seguir estando
cerca el uno del otro.

LA HOGUERA

Y llegas con tu luz, como si fuese
una llama cualquiera de esta hoguera
—que lleva tantos años encendida—
y no la chispa que inició el incendio.
Y me miras, sonríes, dices algo
que no acierto a entender mientras contestas
mensajes en el móvil, y te tumbas
(siempre llegas cansada del trabajo)
en la cama a leer o a ver la tele
después de poner otra lavadora.
Pasas la tarde ahí, quemando todas
mis horas en tu lecho, haciendo leña
de este árbol viejo que en el otro cuarto
se imagina poniendo lavadoras
y escribe este poema con la idea
de conservar el fuego y continuar
—qué egoísta y qué listo este poeta—
calentando sus manos en la hoguera.

BODAS DE PLATA

NO hay nueva pieza
que encaje tan precisa-
mente como la vieja.

KAIRÓS

QUERIDO tiempo,
no sé qué prisa tienes
que tan rápido pasas
(aunque a veces parezca
que pasas tan despacio).
Si es tu forma de ser
no digo nada (sé
que es difícil cambiar
a estas alturas). Pero,
ya que desde un principio
nos condenaste a muerte,
concédenos al menos
un último deseo:
en este ardor postrero
préndenos fuego.

RELÁMPAGO

La vida es un relámpago entre dos largas noches.

OCTAVIO PAZ

LEJOS DEL RUIDO

NO recuerdo su nombre.
Sí que era amarillo
—o tal vez verde— y que dormía
sobre una sola pata
con un ojo cerrado y otro abierto.
Recuerdo cómo tras haber volado
por todos los rincones de la casa
acababa volviendo
por sí mismo a la jaula
(no lo entendía entonces;
ahora sé que no era
muy distinto a nosotros).
No recuerdo su nombre.
Pero sí que el primer fin de semana
que nuestros padres nos dejaron solos
lo encontramos muerto
(de pena, supusimos,
aunque lo más probable
es que fuera de hambre).
No recuerdo su nombre.

Pero sí aquella incómoda
cercanía del ruido
que nos dejó la ausencia de su canto.
La mirada distinta al mismo mundo.
Primera cicatriz de tantas otras.

SPLEEN

EN las noches confusas de la infancia
llegabas, sigilosa, y me contabas
terribles confidencias al oído.
A veces te acercabas en silencio
camino del colegio, o me gritabas
como una loca en medio de la nieve.
El tiempo fue pasando —siempre pasa—
hasta que al fin la muerte de mi madre
acabó acostumbrándome a la herida
que tu paciente ardor abre a diario.
Tanto es así, que ahora no sabría
vivir sin tu cuchilla en la garganta.

INSOMNIO

LLEGA como si nada, se hace un hueco
una noche en tu cama, poco a poco
va ocupándola toda. Te desviste
como una amante, te arropa
como una madre, te dice
que ha venido a llevarte
a un lugar donde no existe el invierno.
Tú te dejas querer, estás a punto
de caer en sus garras. Luego, vuelves
la mirada y es tanto —y es tan puro—
aquello a lo que quiere que renuncies
que, una vez más, te aferras
(con la fuerza de quien
conoce la medida de su suerte)
a las sábanas frías donde duermes.

LA DERROTA

TÚ querías la paz y no esta guerra
que libras a diario con el vino,
cavando en las tabernas de la tierra
las trincheras que alivian tu camino.
Primero de soldado, ahora de cabo
vives gracias al bálsamo oportuno
del vermú, la penúltima y el clavo
que quita el otro clavo al desayuno.
Y, aunque vas avanzando en la conquista,
te miras al espejo, te ves triste
y, ajusticiando al joven pacifista
que aspirabas a ser y nunca fuiste,
das por perdida ya la paz aquella
sumido en el fragor de la botella.

SERONDA Vol. 1

SI acaso mereciera una medalla
como sueño fugaz de leve sombra
en mi paso fortuito por el mundo
sería únicamente la del bronce
de las hojas que crujen en otoño
bajo el peso tenaz de mis zapatos.
Si acaso me la dieran, celebradlo
cuanto antes porque no tardarán mucho
en dar a conocer los resultados
del trágico control antidopaje.

CARDIOGRAMA

HOY, todo bien; mañana no se sabe.
Subes a lo más alto; tocas fondo.
Coges aire; te quedas sin aliento.
Rebosas tinta; dejas la hoja en blanco.
Ríes, lloras, descubres que has estado
al borde del abismo todo el tiempo.

REW

NO reniegues de aquello, vida mía,
que te hizo, pese a todo, ser quien eres.
Vuelve sobre tus pasos al lugar
donde te equivocaste y podrás ver
que el error forma parte del camino.

FORWARD

APROVECHA tus años, no te dejes
llevar como si fueras a vivir para siempre.
Escucha los consejos de los viejos poetas,
sé buena, sé prudente, pero tampoco tanto.
No es nada nuevo, claro,
pero a veces conviene recordarlo:
el futuro es incierto tan sólo a corto plazo.

LEY DEBIDA

NO pienses en si es cama o ataúd
el cómodo colchón donde te acuestas.
Da gracias por poder tumbarte en él
y no pasar la noche a la intemperie.
No llores porque un día has de partir
dejando atrás tu cálido refugio.
Prepárate a conciencia e, insobornable,
sonríe en tu camino hacia el abismo.

UCI BLUES ETC

La muerte era más simple de lo que pensaba.

ANNE SEXTON

NADA (ECO DEL TODO DE SZYMBORSKA)

Grito «¡Todo!», y el eco dice «¡Nada!».

NADA:
palabra comedida y pertinente
que baja la cabeza si hace falta
y no trata de dárselas de algo.
No requiere comillas ni metáforas.
Resuelve cualquier duda en un instante.
Es ausencia sin más, silencio, calma.
Parece tan vacía y solitaria,
tan falta de sentido y, sin embargo,
es punto de partida y de llegada,
paréntesis que da vida al relámpago.
Por si esto fuera poco, es también todo
lo contrario a Todo. Así que Nada.

SAFÓNICA 1ª

¿VES cómo aún rojea en la rama más alta
esa manzana dulce, apetitosa,
olvidada por los cosechadores?
Te contaré un secreto: no la olvidan.
Es más fácil aún: no pueden alcanzarla.

LOS POEMAS MENORES

NO les quites valor, no menosprecies
los poemas menores de este libro;
celebra que su falta de osadía
les permita cumplir
escrupulosamente su función:
arropar, dar calor, hacer que luzcan
en mayor medida los mejores.
Son gregarios que saben
hacer bien su trabajo.
No esperan alabanzas
ni segundas lecturas.
Les basta, como a mí,
sentirse en buena compañía
y saber que son parte de algo grande.
Ten en cuenta, además,
que, cuando vengan mal dadas,
avivarán el fuego de la hoguera.

POÉTICA POPULAR

NO por mucho Margarit amanece más Machado.
Quien a Sor Juana se arrima, Gloria Fuertes le cobija.
Más vale Pacheco en mano que ciento Bolaño.
Más vale Goytisolo que mal acompañado.

Al que Neruda, D'Ors le ayuda.
A buen entendedor, pocas Pizarnik bastan.
Borges que no ve, Juan Ramón que no siente.
Lo Cortázar no quita lo Valente.

En casa del Otero, cuchillo de Hernández.
Donde hay Vallejo no manda Benedetti.
Quien mucho de la Barca, poco Gelman.
No hay mal que por Gil de Biedma.

MI ALMA AL MODO DE CALÍMACO

LA mitad de mi alma todavía respira;
la otra mitad, eterna fugitiva,
vaga sin ton ni son en la borrasca.
¿No es ridículo ver cómo, impasible, niega
la lluvia sin cerrar nunca el paraguas?

DIÓGENES RELOAD

DICHOSO yo, que nada
de lo que tengo es mío.

SERONDA Vol. 2

PLIEGA tus alas, Julio, bruto presuntuoso,
presta más atención a la naturaleza:
las hojas sólo vuelan cuando han muerto.

ALOSTASIS

NO se trata tan sólo de habituarse
a la catástrofe y dejarlo todo
en manos de la venda que te cura.
Es ser capaz de darle un nuevo rumbo
al curso y al caudal de tu desgarro
sin miedo a que, al hacerlo,
se desangre la herida.

EL HOMBRE ARAÑA

RESULTA que no soy, ni por asomo,
amigo de balcones ni ventanas
(la tentación, ya sabes, vive arriba
y es fácil dar sentido a la caída).
Resulta que me gustan las farolas
porque alumbran las calles de Manhattan
y soportan mi peso cuando llego
un poco tarde —y en zigzag— a casa.
Pero también resulta que me alegro
si un muro se interpone en mi camino
y convierte en Spiderman al tipo
vulgar que, sin el muro, no sería
más que un triste remedo de sí mismo.
Resulta que, aunque los superpoderes
me ofrecen todo tipo de alegrías,
no entiendo todavía de adversarios
y trato por igual a unos y otros
sin importar que en su cartera lleven
un billete de 100 (si acaso existen)
o el texto en Arial 12 de su esquela.
Sé que es difícil de creer, mi vida,
que un Peter Parker gris se convirtiera

en hombre araña, así como si nada
(lo cierto es que la cosa tiene tela).
Pero confía en mí: la vida es esta
sucesión de caóticas viñetas
donde a diario pasa lo imposible
y tal vez algún día cuando veas
una farola, un muro, una ventana
te pongas en mi piel o en la de alguno
de los villanos que me dan sentido
(en este cómic no hay buenos ni malos)
y alcances a entender lo que te digo.

SAFÓNICA 2ª

NO es costumbre que en casa de un poeta
haya duelos, que en nada nos conviene.
Pero, a veces, incluso la poesía
sirve de poco: no me dejes, vuelve,
aunque sea tan sólo a la memoria.

ROAD TO SADNESS

LOS lunes y los martes te recuerdo
con esa terquedad de lluvia fina
que enturbia sin cesar el parabrisas;
los miércoles me llueves todo el día
(tus gotas se deslizan persiguiéndose
unas a otras por la ventanilla);
los jueves tomas forma de aguacero,
dejando ver el mundo únicamente
por el retrovisor —que es un abismo—;
y los viernes, resuelta ya en tormenta,
me anegas el camino hasta el domingo.

UCRONÍA

Y pensar que este dolor podría
no haber hecho su nido de mi pecho,
que donde ahora hay un muro
podría haber brotado una hendidura
por la que se filtrara,
como el café que un día compartimos,
la luz que dócilmente se ha extinguido.

ANTIPLEGARIA

SAN Desperdicio, Santa Tan Poquita Cosa,
Virgen de Todos los Estragos, dadme
fuerza para seguir en este abismo
de horror acostumbrado,
alejado de dioses y de odiosas
pasiones virginales, dadme
un abrazo, un adiós, un simple vaso
medio lleno y veréis en qué vacío
llegaré a convertirlo al primer trago.
San Desperdicio, Santa Tan Poquita Cosa,
Virgen del Sofocón y del Espanto,
no me dejéis tan solo, pues yo sólo
anhelo estar ahí, junto a vosotros,
en uno de esos nichos relucientes
con las mejores vistas a la nada.
Santa Eutanasia, Santo Embrión Perdido,
no miréis a otra parte, sigo siendo
(a pesar de esta absurda absolución
que va añadiendo velas a mi tarta)
un dulce apetecible, una bicoca,
un cadáver —a estrenar— de saldo.

Oh, mi terrible y adorada Santa
Virgen de los Ahorcados, dime
por qué me has condenado a seguir vivo.

UCI BLUES ETC

NO me veáis morir, no es necesario.
No es para nada digno, ni heroico, ni elegante.
Nada tiene que ver con, por ejemplo,
el épico momento en que nacisteis
y que tuve la suerte de presenciar (por cierto,
a punto de morirme del espanto;
qué grande, por su parte, vuestra madre).
No me veáis morir. Yo vi a mi padre
dejar de respirar, quedarse inmóvil
como una cruel captura de pantalla
en la noche más triste de Pescara.
Y no vale la pena, os lo aseguro:
sólo os hará más daño.
No me veáis morir. No es necesario.
Dejadme solo en este último trance.
Más allá de libraros de un mal trago,
me ayudará también a acostumbrarme.

EL FIN DE LA POESÍA

NADA de golosas glosas
ni del reto mañoso del soneto.
Olvidaos de los lentos
lamentos, de las rimas
sutiles, de las plácidas metáforas
como el sol pequeño de las flores.
Ni siquiera los haikus tienen cabida ahora.
Cuando más falta hacía
la cadencia sencilla
de una estrofa sin firma
o el verso subrayado de Szymborska;
cuando sólo teníamos
la luz inesperada del poema,
alguien cortó los cables.
Y ahora, en la mano, esta tijera
fría y temblorosa: asesina.
Lo intentamos. Pero no pudo ser.
Finalmente, también
se acabó la poesía.
Sirva para enterrarla este epitafio.

ÍNDICE

RELÁMPAGO

UCI BLUES ETC

ADONÁIS
COLECCIÓN DE POESÍA

Director: CARMELO GUILLÉN ACOSTA

ÚLTIMOS VOLÚMENES PUBLICADOS:

673.–Diego Medina Poveda: TODO CUANTO ES VERDAD (Accésit del Premio «Adonáis» 2019).

674.–Felicitas Casillo: EL CONTORNO DEL ROBLE (Accésit del Premio «Adonáis» 2019).

675.–Carlos Javier Morales: EL CORAZÓN Y EL MAR.

676.–Diego Roel: ANDRÉI RUBLIOV (Premio «Alegría» 2020).

677.–Daniel Cotta: ALUMBRAMIENTO.

678.–Abraham Guerrero Tenorio: TODA LA VIOLENCIA (Premio «Adonáis» 2020).

679.–Marta Jiménez Serrano: LA EDAD LIGERA (Accésit del Premio «Adonáis» 2020).

680.–Rodrigo Olay: VIEJA ESCUELA (Accésit del Premio «Adonáis» 2020).

681.–Ignacio Pérez Cerón: MÁRGENES DE ERROR (Accésit del Premio «Adonáis» 2020).

682.–José Manuel Gutiérrez: PAISAJES DE LA ALEGRÍA.

683.–José María Higuera: PROYECTO DE INTERIORISMO (Premio «Alegría» 2021).

684.–Nuria Ortega Riba: LAS INFANCIAS SONORAS (Premio «Adonáis» 2021).

685.–Andrés María García Cuevas: LAS CIUDADES (Accésit del Premio «Adonáis» 2021).

686.–Félix Moyano: LA DEUDA PROMETIDA (Accésit del Premio «Adonáis» 2021).

687.–Fernando García Moggia: CUÍDATE DEL AGUA MANSA (Premio «Alegría» 2022).

688.–Luis Escavy: VICTORIA MENOR (Premio «Adonáis» 2022).

689.–Irene Domínguez: PUREZA (Accésit del Premio «Adonáis» 2022).

690.–Lola Tórtola: LOS DIOSES DESTRUIDOS (Accésit del Premio «Adonáis» 2022).

691.–Rubén Martín Díaz: LÍRICA INDUSTRIAL (Premio «Alegría» 2023).

692.–María Paz Otero: LOS ATORMENTADOS (Premio «Adonáis» 2023).

693.–Antonio Díaz Mola: EL AIRE DIVIDIDO (Accésit del Premio «Adonáis» 2023).

694.–Elisa Fernández Guzmán: DESPUÉS DEL POP (Accésit del Premio «Adonáis» 2023).

695.–Pedro Flores: NUESTRO NOMBRE ES PIEDRA (Premio «Alegría» 2024).

696.–Juan Herrero Diéguez: CARTOGRAFÍA DE NADIE (Premio «Adonáis» 2024).

697.–María Fernández Abril: CUENTOS TRADICIONALES (Accésit del Premio «Adonáis» 2024).

698.–Marcos Nogales: SALTO DE FE (Accésit del Premio «Adonáis» 2024).

699.–Julio Rodríguez: SEÑALES PARA FUTUROS ARQUEÓLOGOS (Premio «Alegría» 2025).

Las obras que han obtenido el Premio «Adonáis» aparecen numeradas en negrita.

ESTA PRIMERA EDICIÓN DE
«SEÑALES PARA FUTUROS ARQUEÓLOGOS»,
DE JULIO RODRÍGUEZ,
VOLUMEN 699 DE LA COLECCIÓN «ADONÁIS»,
PUBLICADA POR EDICIONES RIALP, S.A.,
MANUEL URIBE 13-15, MADRID,
SE ACABÓ DE IMPRIMIR EN LOS TALLERES
DE GRÁFICAS ANZOS, S.L.,
FUENLABRADA (MADRID),
EL DÍA 21 DE OCTUBRE DE 2025.